1001 1ers MOTS

FRANÇAIS / ANGLAIS

Cet ouvrage appartient à :
This book belong to :

TABLE DES MATIERES

LA VILLE
CITY

La plupart des gens vivent en ville. Il y a beaucoup de type d'habitations différentes.
Most people live in cities. There are many different types of homes.

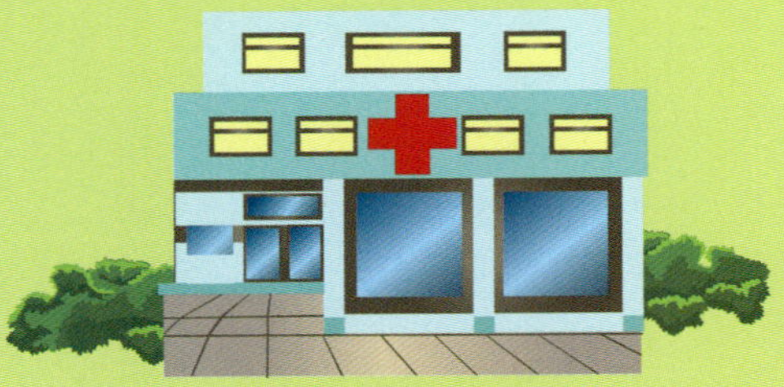

La pharmacie / *Pharmacy*

L'école / *School*

Le bus scolaire / *School bus*

Une église / *Church*

Une résidence / *Residence*

Une rue / *Street*

Une usine / *Factory*

Le pompier / *Fireman*

Un détective / *Detective*

Un médecin / *Doctor*

Un policier / *Policeman*

La voiture de police

Police car

Un taxi / *Taxi*

Un supermarché / *Supermarket*

Un immeuble / *Building*

Une tour / *Tower*

Un feu de signalisation

Traffic lights

Un garçon / *Boy*

Un garage / *Garage*

Un centre équestre / *equestrian center*

Un panneau

Sign

Une librairie / *bookstore*

Un hôtel / *hotel*

Une maison / *House*

Une banque / *Bank*

LE PARC
PARK

Le parc est un endroit idéal pour s'amuser avec ses amis !
The park is a great place to have fun with your friends !

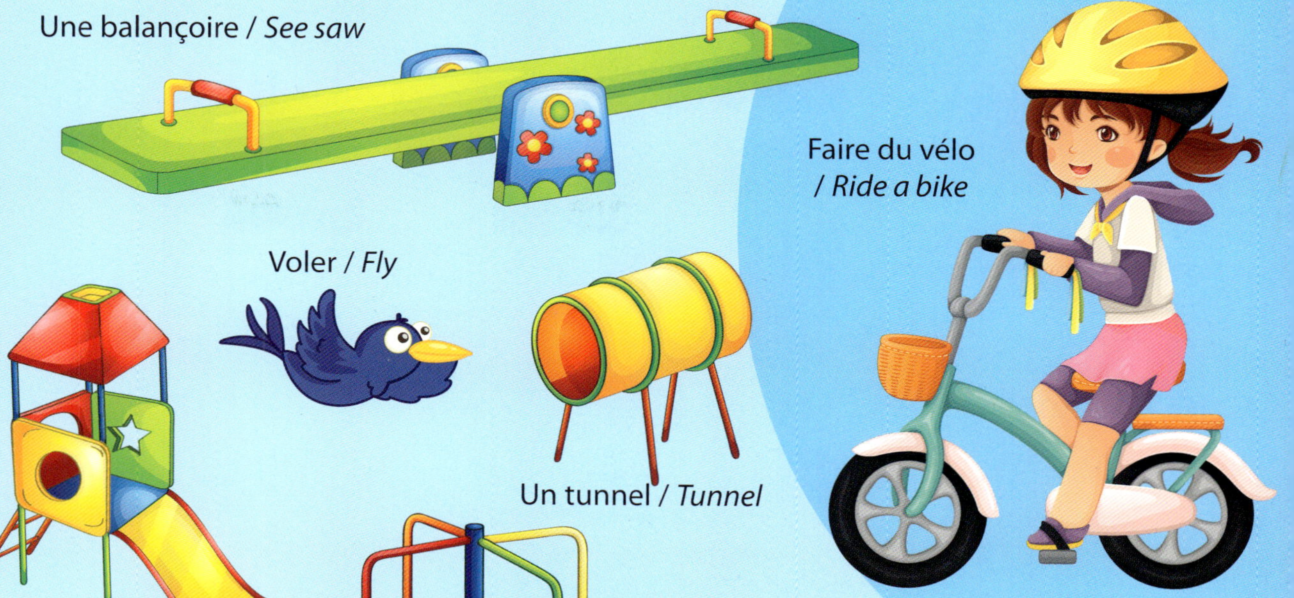

LA CAMPAGNE
COUNTRYSIDE

Voici l'endroit d'où viennent plein de bons produits.
A lot of good products come from this place !

LA MAISON
HOME

Plein d'objets partagent notre quotidien dans la maison.
Many objects are sharing our lives in the house

La bibliothèque / *Bookcase*

Une table de chevet / *Bedside table*

Un tabouret / *Stool*

Un placard / *Closet*

Une chaîne hi-fi / *Stereo*

Un verrou / *Lock*

Une pendule / *Clock*

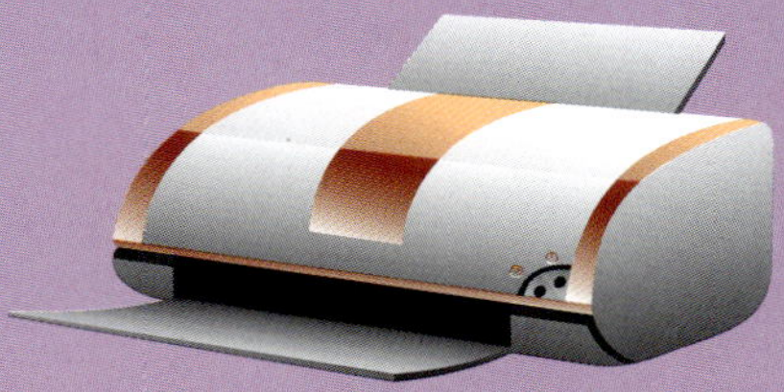
Une imprimante / *Printer*

Une chaise / *Chair*

Une chaise de bureau / *Office chair*

Un stylo / *Pen*

Un ordinateur / *Computer*

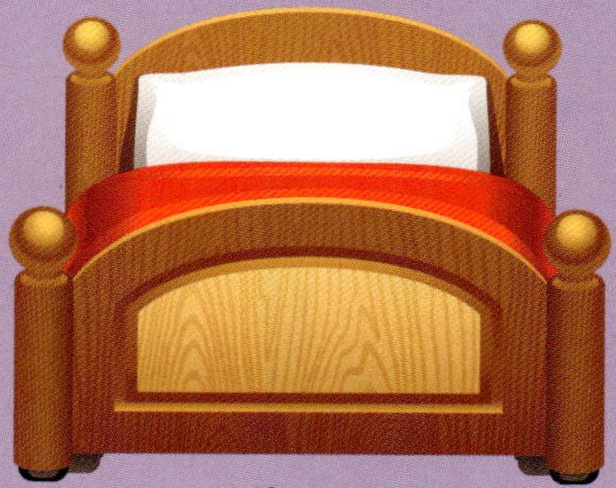
Le lit / *Bed*

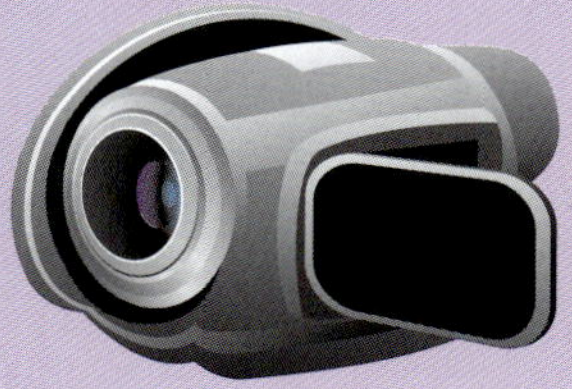
Un caméscope / *Camcorder*

Un disque / *Disk*

Le bureau / *Desk*

Un tableau / *Painting*

Une boussole / *Compass*

Un calendrier / *Calendar*

Des écouteurs / *Headphones*

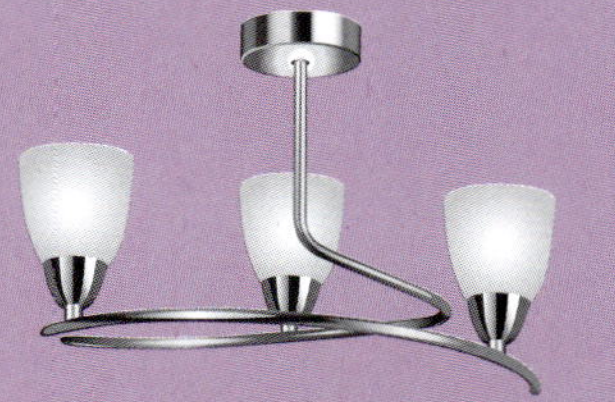
Un éclairage / *Lighting*

Un appareil photo / *Camera*

Des fenêtres / *Windows*

Un ventilateur / *Fan*

Un canapé / *Sofa*

Une plante / *Plant*

Une télévision / *TV*

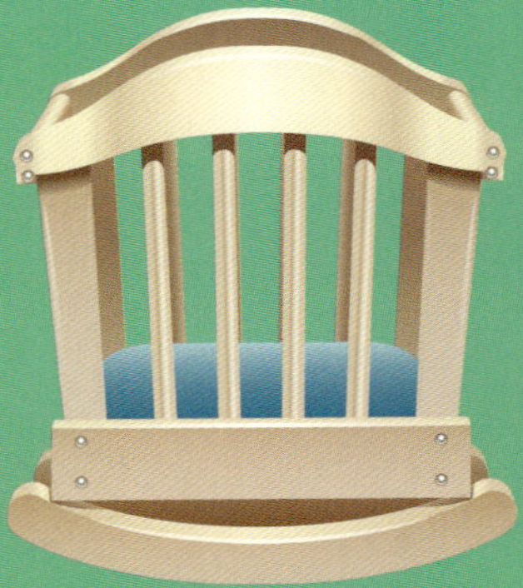
Un berceau / *Cradle*

Un fauteuil / *Armchair*

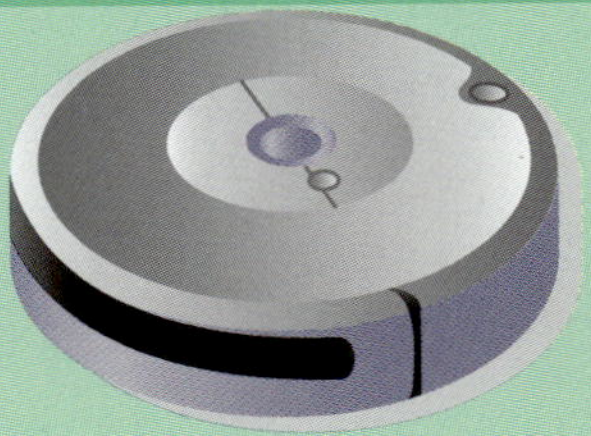
Un lecteur CD / *CD player*

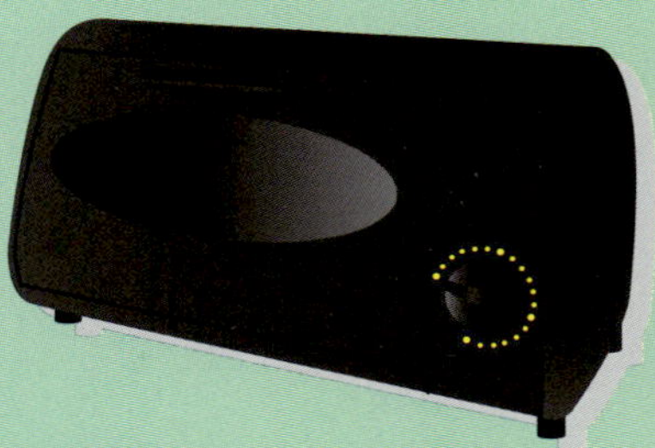
Un four micro-ondes / *Microwaves oven*

Un lave linge / *Washing machine*

Un lit / *Bed*

Un autocuiseur / *Pressure cooker*

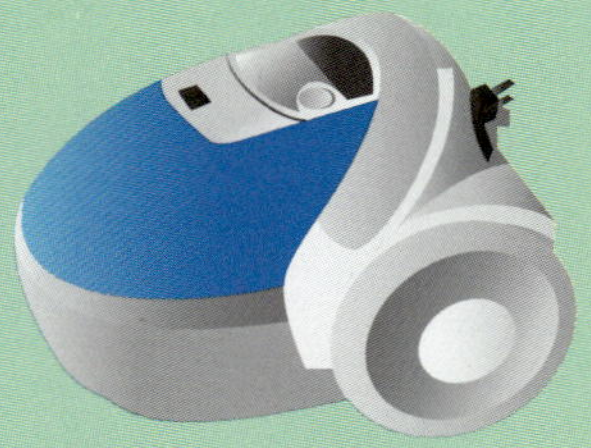
Un aspirateur / *Vacuum*

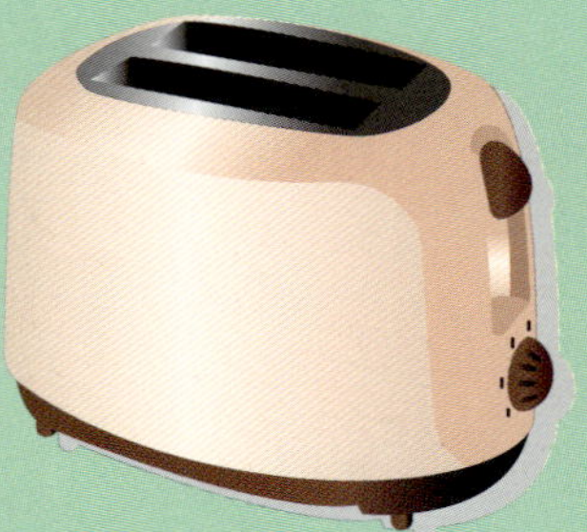
Un grille-pain / *Toaster*

Une commode / *Chest of drawers*

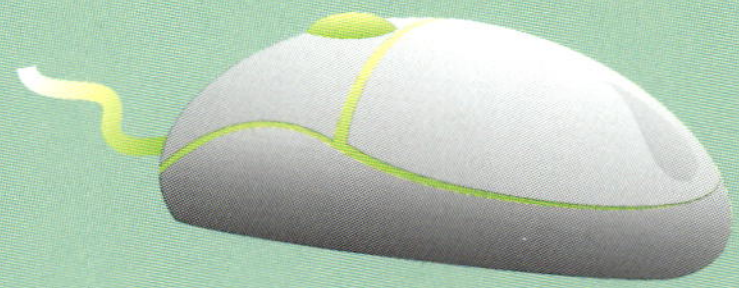
Une souris d'ordinateur / *Computer mouse*

Une loupe / *Magnifier*

Un feutre / *Felt-pen*

Un téléphone portable / *Cell phone*

Un répertoire / *Notebook*

Un bureau / *Desk*

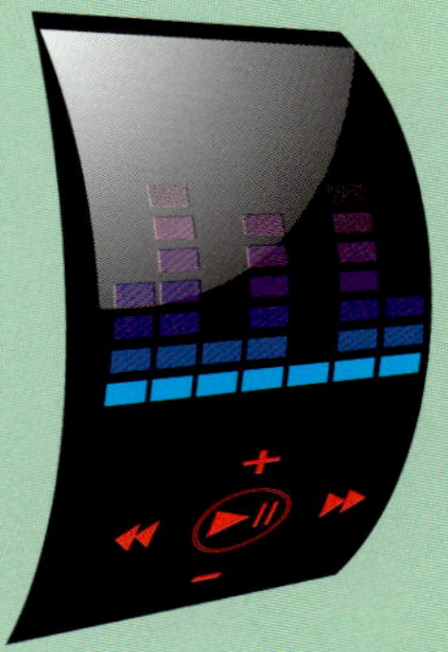
Un lecteur MP3 / *MP3 player*

Une bouilloire / *Kettle*

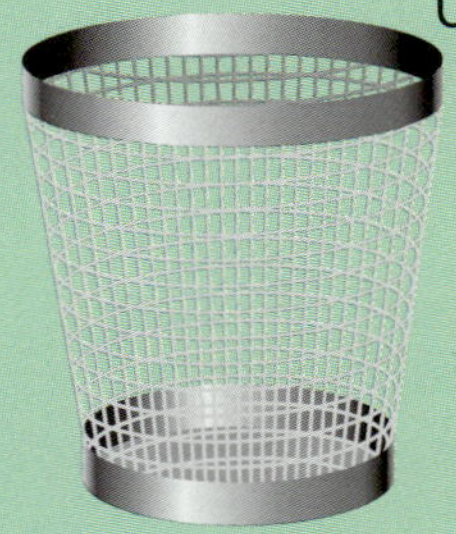
Une corbeille / *Basket*

Une ampoule / *Light bulb*

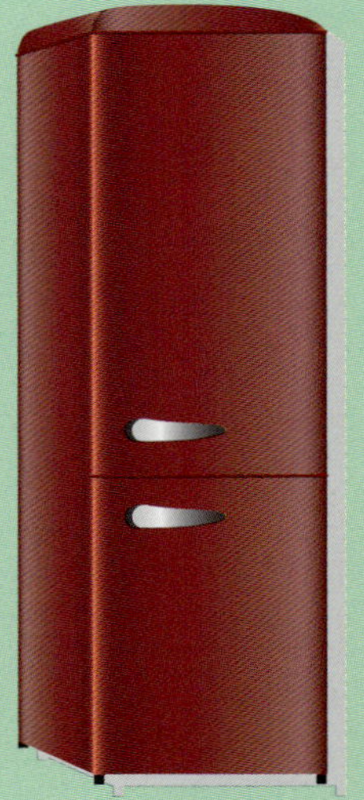
Un réfrigérateur / *Fridge*

Une coiffeuse / *Dressing table*

Une lampe de bureau / *Desk lamp*

Un four électrique / *Electric oven*

Une pendule / *Clock*

LES SPORTS
SPORTS

Le sport c'est bon pour la santé. Lequel pratiques-tu ?
Sports are good for your health. Which one do you do ?

Le football / *Football*

Le tennis / *Tennis*

Le karaté / *Karate*

Le cerceau / *Hoop*

Le golf / *Golf*

Le cyclisme / *Cycling*

Le basket ball / *Basketball*

Le stakeboard / *Stakeboarding*

Le base ball / *Baseball*

Le volley ball / *Volleyball*

La gymnastique / *Gymnastics*

La corde à sauter / *Skipping rope*

Le boxe / *Boxing*

Le tir à l'arc / *Archery*

Le rugby / *Rugby*

Le patin à roulettes / *Rollerblading*

Les haltères / *Dumbbells*

LA FAMILLE
FAMILLY

La famille est composée de plein de personnes différentes.
The family is made of lot of different people.

L'arrière grand-mère / *Great-grandmother*

La grand-mère / *Grandmother*

Le grand-père / *Grandfather*

Le père / *Father*

La mère / *Mother*

Le frère / *Brother*

La sœur / *Sister*

L'oncle / *Uncle*

La tante / *Aunt*

La fille / *Daughter*

Le fils / *Son*

Le cousin / *Cousin*

La cousine / *Cousin*

LES JOUETS
TOYS

Tout le monde veut des jouets !
Everyone wants toys!

Le chien à roulettes / *Dog on wheels*

La tortue à roulettes / *Turtle on wheels*

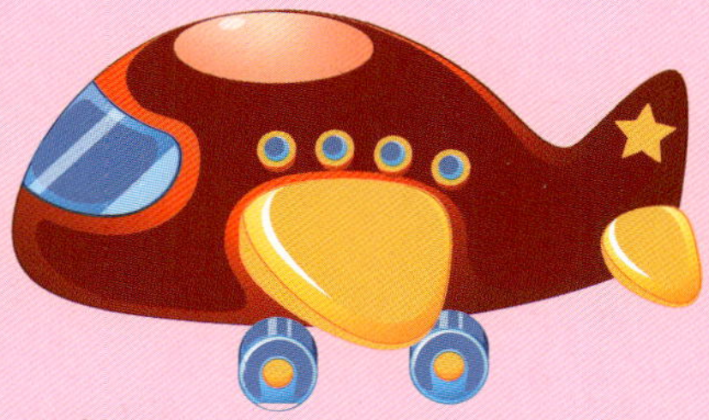
L'avion / *Plane*

Le robot / *Robot*

L'éléphant à roulettes / *Elephant on wheels*

Le lapin / *Rabbit*

Un hochet / *Rattle*

Un bateau / *Boat*

Des anneaux / *Rings*

Un navire / *Ship*

Une peluche / *Cuddle toy*

Une poupée / *Doll*

Un train / *Train*

Un diable en boîte / *Jack in the box*

Un canard / *Duck*

Un xylophone / *Xylophone*

n cheval à bascule / *Rocking horse*

Une fusée / *Rocket*

Une trompette / *Trumpet*

Un OVNI / *UFO*

Un singe musical / *Musical monkey*

Un hélicoptère / *Helicopter*

Un ourson / *Teddy bear*

Un tambour / *Drum*

DANS L'OCÉAN
IN THE OCEAN

Il y a plein de créatures étonnantes dans les fonds marins !
There are plenty of amazing creatures on the seabed !

Le bernard l'hermite / *Hermit crab*

Une méduse / *Jellyfish*

Un poisson ange / *Angelfish*

Le requin / *Shark*

Le cachalot / *Toothed whale*

Un diodon / *Diodon*

Le mérou / *Grouper*

Le dauphin / *Dolphin*

L'hippocampe / *Seahorse*

L'espadon / *Swordfish*

L'étoile de mer / *Starfish*

La pieuvre / *Octopus*

Une huître / *Oyster*

Un pingouin / *Pinguin*

Une crevette / *Shrimp*

Une tortue marine / *Sea turtle*

Une baleine bleue / *Blue whale*

Du corail / *Coral*

Une orque / *Orca*

Un calamar / *Squid*

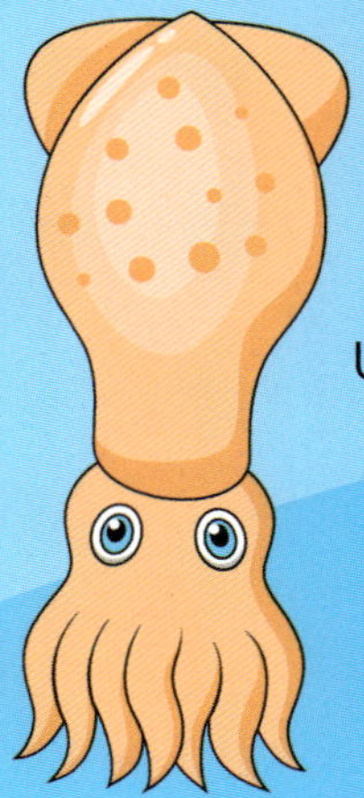

Un requin marteau / *Hammerhead shar*

Un crabe / *Crab*

Un poisson clown / *Clownfish*

Une raie / *Ray*

Un poisson coffre / *Box-fish*

Une murène / *Moray eel*

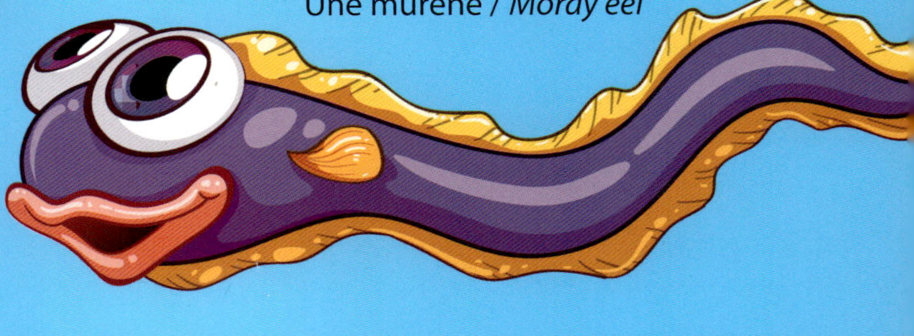

LES ANIMAUX
ANIMALS

Un animal sauvage n'est pas forcément un animal méchant.
A wild animal is not necessarily an evil animal.

Un corbeau / *Crow*
Un canard / *Duck*
Un toucan / *Toucan*
Une autruche / *Ostrich*
Un dindon / *Turkey*
Un geai bleu / *Blue jay*
Un âne / *Donkey*
Un castor / *Beaver*
Un pélican / *Pelican*
Un gnou / *Wildebeest*
Un cheval / *Horse*
Un mouton / *Sheep*
Un paon / *Peacock*
Un caneton / *Duckling*
Un flamand rose / *Pink flamingo*
Une hyène / *hyena*
Un vautour / *Vulture*
Un lapin / *Rabbit*
Un cochon / *Pig*
Une sauterelle / *Grashopper*
Un chat / *Cat*
Une poule / *Chicken*
Un chien / *Dog*
Une vache / *Cow*

Un ours polaire / *Polar bear*
Un raton laveur / *Raccoon*
Un lama / *Llama*
Un émeu / *Emu*
Un perroquet / *Parrot*
Une fourmi / *Ant*
Un hibou / *Owl*
Une moufette / *Skunk*
Une coccinelle / *Ladybug*
Un oiseau / *Bird*
Un sanglier / *Wild boar*
Un caméléon / *Chameleon*
Une abeille / *Bee*
Un orang-outan / *Orangutan*
Une libellule / *Dragonfly*
Un taureau / *Bull*
Un cardinal / *Cardinal*
Un serpent / *Snake*
Un renard / *Fox*
Un moustique / *Mosquito*
Un papillon / *Butterfly*
Un zèbre / *Zebra*
Un kangourou / *Kangaroo*
Une mouche / *Fly*
Un crocodile / *Crocodile*

LES VÊTEMENTS
CLOTHES

Plein de vêtements différents pour tous les jours !
A lot of different clothes to wear everyday !

Une tunique / *Tunic*

Des moufles / *Mittens*

Une robe / *Dress*

Un serre-tête / *Headband*

Une robe d'été / *Summer dress*

Une ceinture / *Belt*

Un survêtement / *Tracksuit*

Un blouson / *Jacket*

Une veste de costume / *Sur*

Un tablier / *Kitchen apron*

Des escarpins / *Stiletto*

Une robe à bretelles / *Strap dress*

De la lingerie / *Underwe*

Une robe de sport / *Sport dress*

Une robe de bal / *Ballroom dress*

Des boucles d'oreilles / *Earrings*

Un pantalon / *Trousers*

Un maillot de bain / *Swimsuit*

Une jupe / *Skirt*

Des chaussettes / *Socks*

Un foulard / *Scarf*

Un pyjama / *Pyjamas*

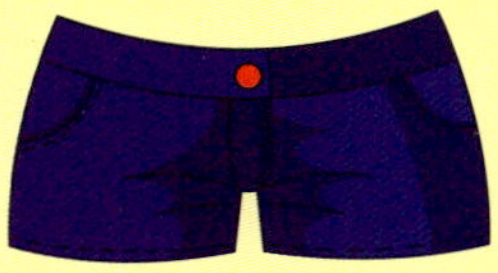
Un short / *Shorts*

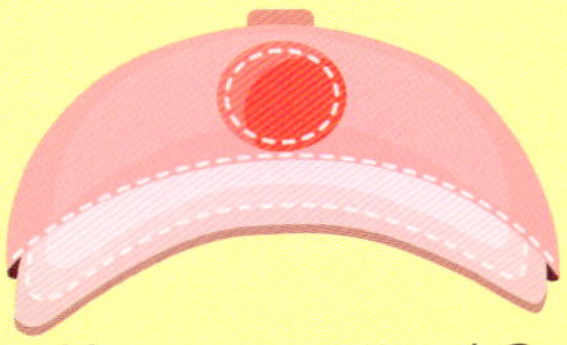
Une casquette / *Cap*

Un bijou / *Jewell*

Un nœud / *Knot*

Un cache oreilles / *Earmuffs*

Des chaussures / *Shoes*

Des lunettes / *Glasses*

Un pull-over / *Sweater*
Un costume / *Suit*
Une gabardine / *Rain coat*
Une capuche / *Hood*
Un casque / *Helmet*
Un gilet / *Waistcoat*
Des bottes / *Boots*
Des lunettes / *Glasses*
Un polo / *Polo shirt*
Un sweat-shirt / *Sweatshirt*
Un chapeau / *Hat*
Une casquette / *Cap*
Un col roulé / *Turtleneck*
Un bonnet / *Woolly hat*
Une cravate / *Tie*
Un nœud papillon / *Bow tie*
Un bermuda / *Bermuda short*
Des bretelles / *Starps*
Un caleçon / *Underpants*
Une ceinture / *Belt*
Une écharpe / *Scarf*
Une montre / *Watch*
Un jean / *Jeans*
Des chaussettes / *Socks*
Des baskets / *Sneackers*
Des gants / *Gloves*

LA MUSIQUE
MUSIC

Pour faire de la musique, il existe plein d'instruments différents.
To make music, there are many instruments

LE CIRQUE
CIRCUS

Quel endroit merveilleux plein de surprises !
What a wonderful place full of surprises !

Une funanbule / *Funambulist*

Une pancarte / *Sign*

Le cercle de feu / *Ring of fire*

Le cirque / *Circus*

Le lion / *Lion*

Le trampoline / *Trampoline*

Le dompteur / *Tamer*

Le canon / *Cannon*

L'affiche / *Poster*

La parade / *Parade*

Le magicien / *Magician*

Une attraction / *Fair attraction*

Le Jongleur / *Juggler*

Le chapeau / *Hat*

La piste / *Ring*

Du pop-corn / *Pop corn*

Bondir / *Jump*

Une note de musique / *Musical note*

Un cheval / *Horse*

Le dompteur / *Tamer*

Un manège / *Carousel*

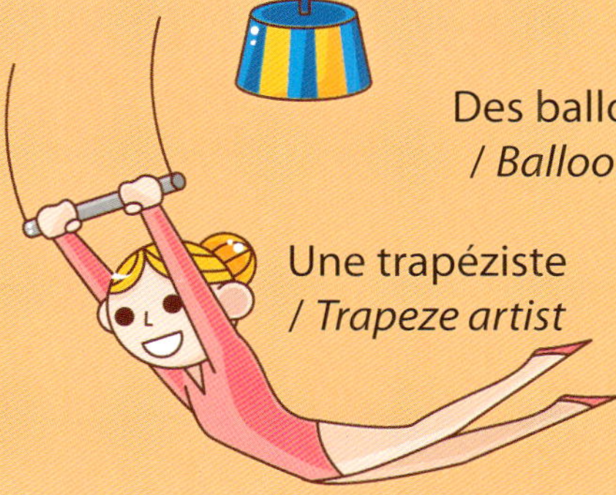

Une trapéziste / *Trapeze artist*

Des ballons / *Balloons*

LES SIGNES DU ZODIAQUE
ZODIAC SIGNS

Il y en a douze.
There are twelve.

Bélier / *Aries*

Verseau / *Aquarus*

Poissons / *Pisces*

Capricorne / *Capricorn*

Taureau / *Taurus*

Gémeaux / *Gemini*

Cancer / *Cancer*

Lion / *Leo*

Vierge / *Virgo*

Balance / *Libra*

Scorpion / *Scorpio*

Sagittaire / *Sagittarius*

LES COULEURS
COLORS

Il y a des couleurs partout, voici les principales.
There are colors everywhere, here are the main ones.

Orange / *Orange*

Bleu / *Blue*

Marron / *Brown*

Noir / *Black*

Blanc / *White*

Vert / *Green*

Violet / *Purple*

Rose / *Pink*

Multicolore / *Multicoloured*

Rouge / *Red*

Jaune / *Yellow*

Gris / *Grey*

LES MÉTIERS
JOBS

Il y a beaucoup de métiers différents. Et toi, que voudrais-tu être ?
There are many different jobs. And you, what would you be?

Journaliste / *Reporter*
press
Facteur / *Postman*
Marin / *Sailor*
Peintre / *Painter*
Magicien / *Magician*
Policier / *Policeman*
Electricien / *Electrician*
Musicien / *Musician*
Curé / *Priest*
Disc-jockey / *Diskjockey*
Aviateur / *Aviator*
Groom / *Groom*
Footballeur / *Soccer*
Dresseur / *Dog trainer*
Chanteur / *Singer*
Soldat / *Soldier*
Culturiste / *Bodybuilder*
Architecte / *Architect*
Artiste / *Artist*
Professeur / *Teacher*

LES SPORTS
SPORTS

Le billard / *Snooker*

Le base-ball / *Baseball*

Le tennis / *Tennis*

Le football / *Football*

Le cricket / *Cricket*

Le basket-ball / *Basketball*

Le golf / *Golf*

Le badminton / *Badminton*

Les fléchettes / *Darts*

Le hockey sur glace / *Ice hockey*

L'arc et les flèches / *Bow and arrows*

Un sifflet / *Whistle*

Le ping-pong / *Table-tennis*

Des lunettes de plongée / *Diving goggles*

Des gants de boxe / *Boxing gloves*

Le volley-ball / *Volleyball*

Une corde à sauter / *Jump rope*

Un chronomètre / *Stopwatch*

Un échiquier / *Chessboard*

Le football américain / *American soccer*

Un skate-board / *skateboard*

Le bowling / *Bowling*

LE MOYEN-ÂGE
MIDDLE AGE

Une fantastique époque de chevaliers et de légendes.
A fantastic time of knights and legends.

Le tournoi / *Tournament*

La bannière / *Banner*

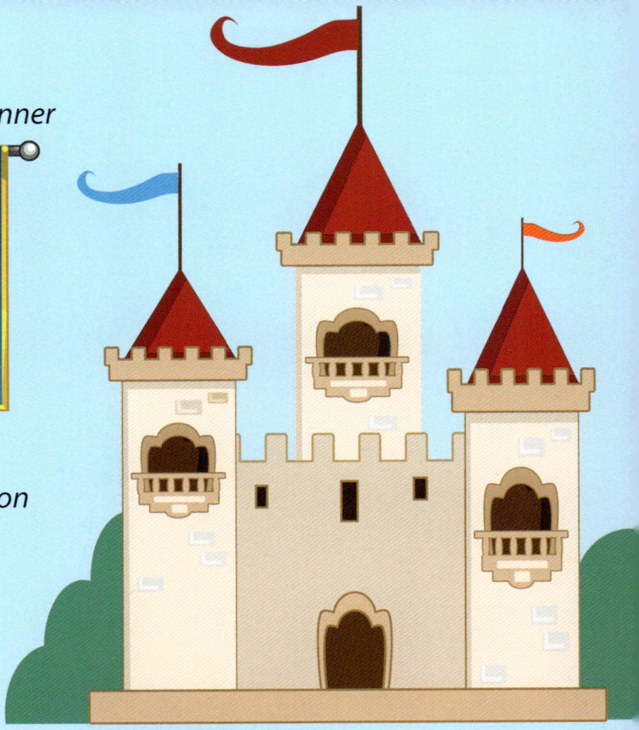
Le château / *Castle*

Le gant / *Glove*
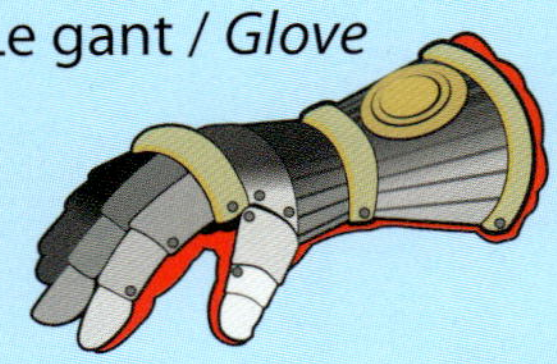

Le dragon / *Dragon*

Le blason / *Shield*

La princesse / *Princess*

De l'or / *Gold*

Le magicien / *Magician*

Les épées / *Swords*

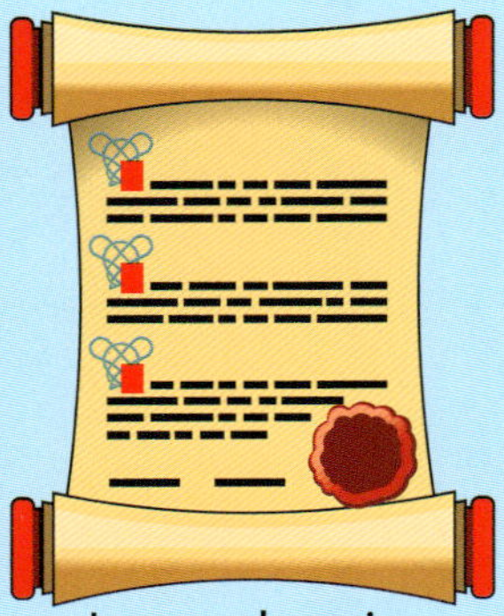
Le parchemin / *Parchment*

Le serf / *serf*

Le roi / *King*

La couronne / *Crown*

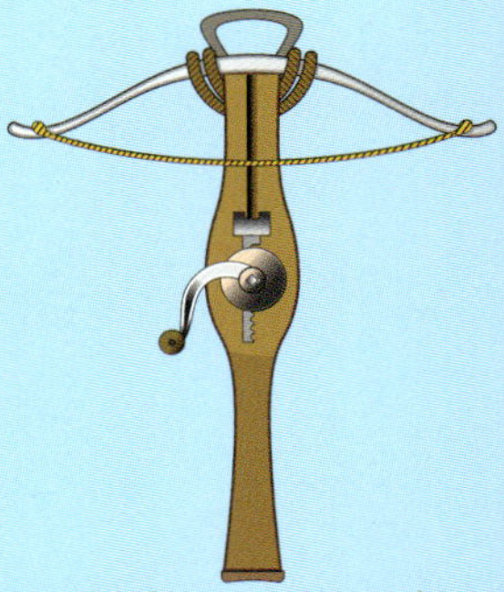
L'arbalète / *Crossbow*

Le chevalier / *Knight*

Les tentes / *Tents*

L'armure / *Armor*

Un trésor / *Treasure*

Le heaume / *Great helm*

Le clairon / *Bugle*

Un fléau d'arme / *Flail*

À L'HOPITAL
HOSPITAL

Un hopital, ça fait un peu peur, n'est-ce-pas ?
An hospital, it's a little scary, isn't it ?

Un testeur / *Tester*

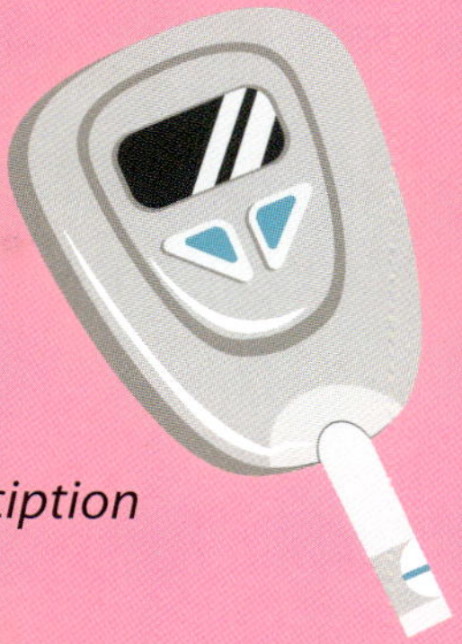

Du sang / *Blood*

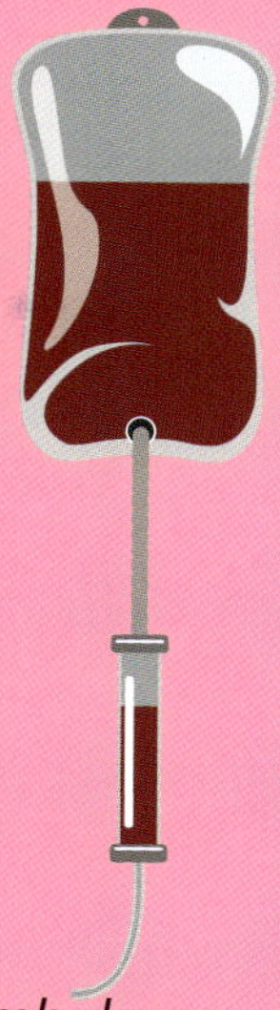

Un médecin / *Doctor*

Une ordonnance / *Presciption*

Un fauteuil roulant / *Wheelchair*

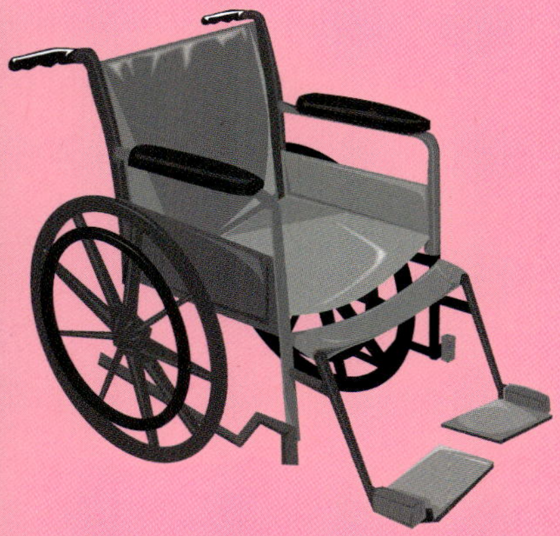

Une ambulance / *Ambulance*

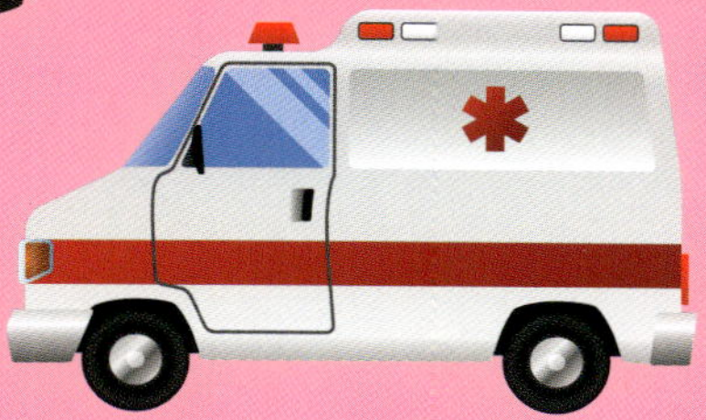

Un caducée / *Caduceus*

Des ciseaux / *Scissors*

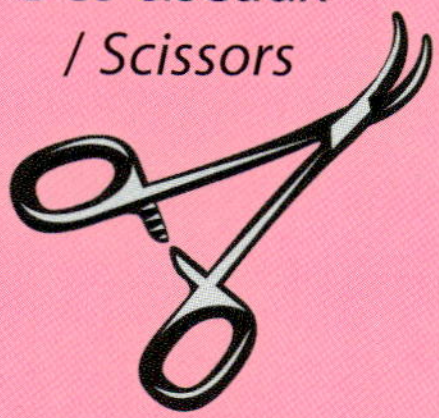

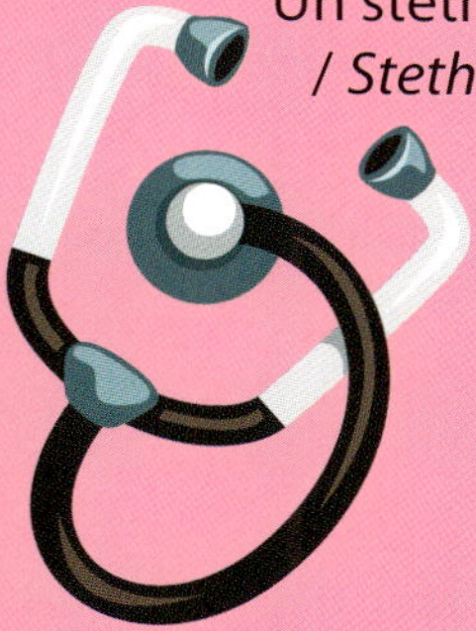

Un stéthoscope / *Stethoscope*

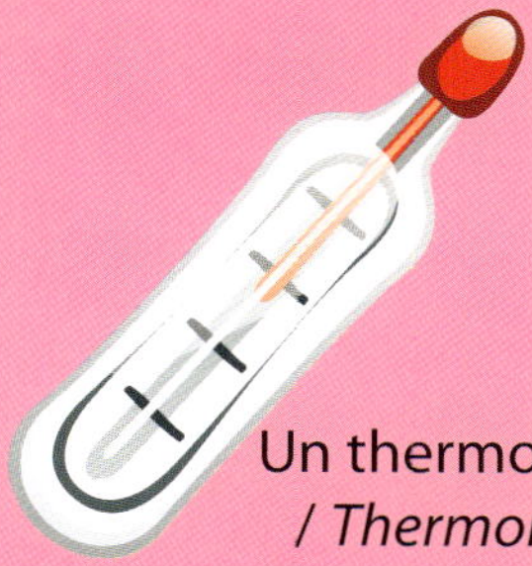

Un thermomètre / *Thermometer*

Des médicaments / *Drugs*

Des éprouvettes / *Tubes*

Une béquille / *Crutch*

Une canne / *Stick*

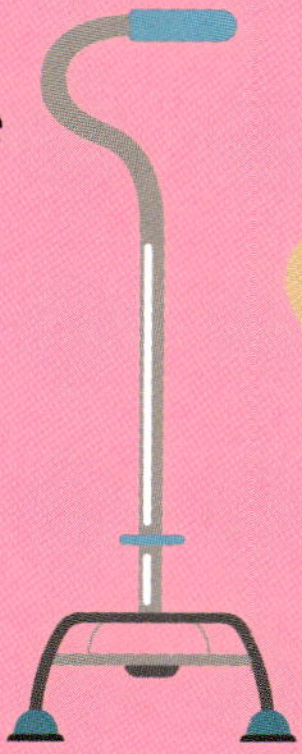

Un sparadrap / *Plaster*

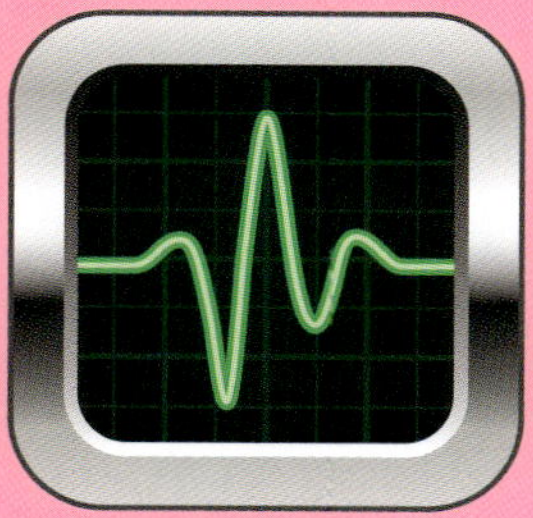

Un fauteuil d'examen / *Treatment chair*

Un microscope / *Scope*

Un tensiomètre / *Wrist monitor*

Une radio / *X-ray*

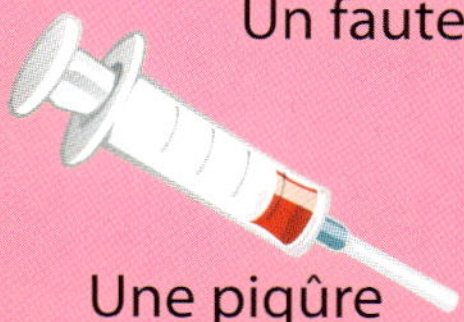

Une piqûre / *Injection*

Une infirmière / *Nurse*

Un brancard / *Stretcher*

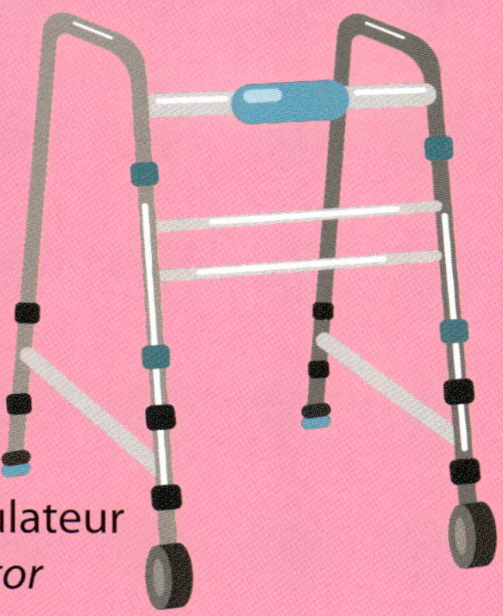

Un déambulateur / *Rollator*

Un blessé / *Injured*

LES NOMBRES
NUMBERS

De 1 jusqu'à 100.
From 1 to 100.

1 Un / *One*

2 Deux / *Two*

3 Trois / *Three*

4 Quatre / *Four*

5 Cinq / *Five*

6 Six / *Six*

7 Sept / *Seven*

8 Huit / *Eight*

9 Neuf / *Nine*

10 Dix / *Ten*

11 Onze / *Eleven*

12 Douze / *Twelve*

13 Treize / *thirteen*

14 Quatorze / *Fourteen*

15 Quinze / *Fifteen*

16 Seize / *Sixteen*

17 Dix-sept / *Seventeen*

18 Dix-huit / *Eighteen*

19 Dix-neuf / *Nineteen*

20 Vingt / *Twenty*

21 Vingt et un / *Twenty one*

22 Vingt-deux / *Twenty two*

23 Vingt-trois / *Twenty three*

24 Vingt-quatre / *Twenty four*

25 Vingt-cinq / *Twenty five*

30 Trente / *Thirty*

35 Trente-cinq / *Thirty five*

40 Quarante / *Fourty*

45 Quarante-cinq / *Fourty five*

50 Cinquante / *Fifty*

60 Soixante / *Sixty*

70 Soixante-dix / *Seventy*

80 Quatre-vingt / *Eighty*

90 Quatre-vingt dix / *Ninety*

100 Cent / *One hundred*

LA SALLE DE BAIN
BATHROOM

Le lieu d'où l'on sort bien propre !
The place where one comes clean !

C'EST LA FÊTE !
IT'S PARTY !

C'est le moment de s'amuser !
It's time to have fun !

AU JARDIN
IN THE GARDEN

Au jardin, il y a tous les jours quelque chose à faire.
In the garden,there is always something to do

LE CORPS HUMAIN
HUMAN BODY

Voici plein de parties de ton propre corps !
Here are lots of parts of your own body!

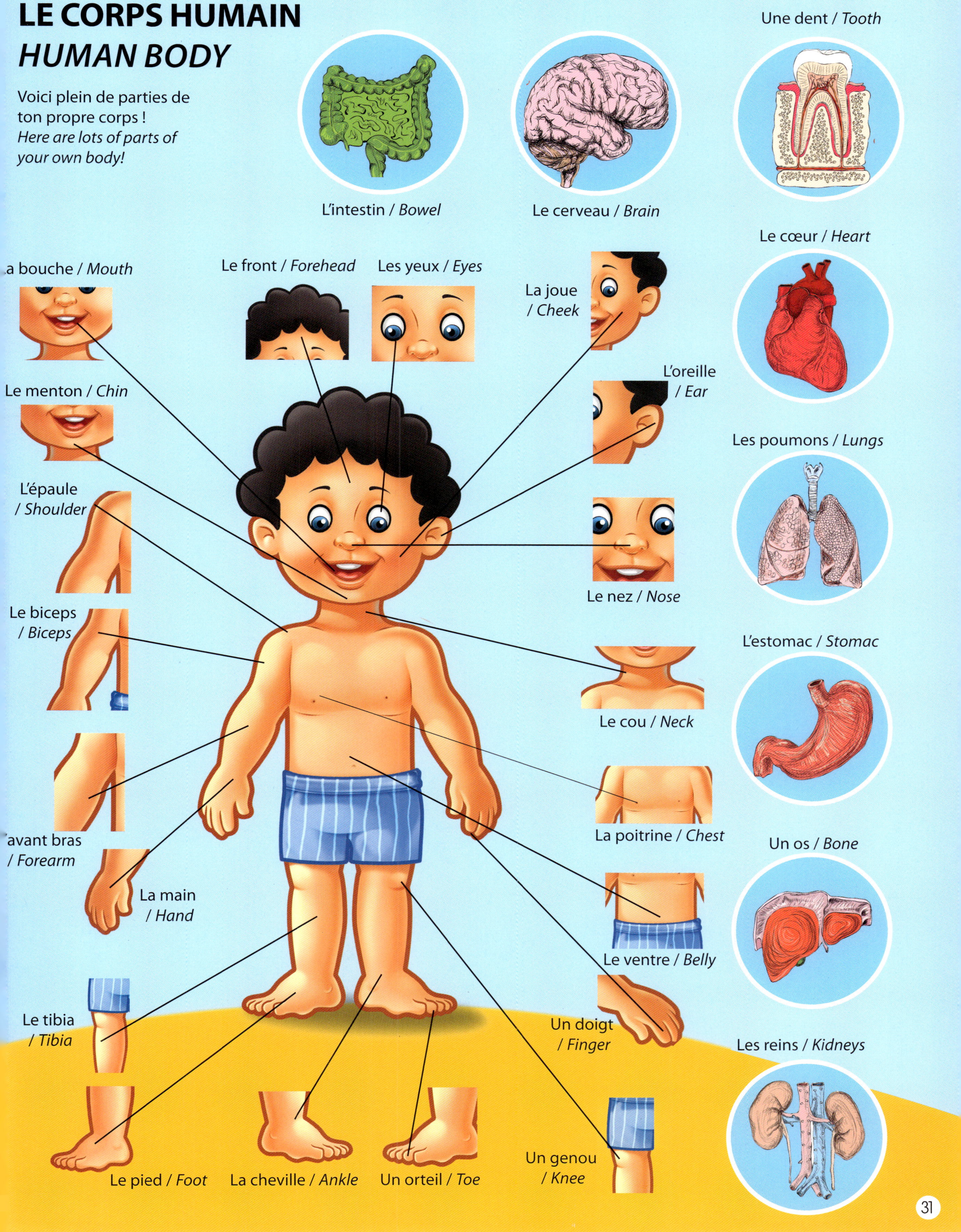

DANS L'ESPACE
IN SPACE

Il y a tellement de choses mystérieuses dans l'espace.
There are so many mysterious things in space

Une étoile / *Star*

La lune / *Moon*

Pluton / *Pluto*

Un téléscope / *Telescope*

Une combinaison spatiale / *Spacesuit*

Jupiter / *Jupiter*

Saturne / *Saturn*

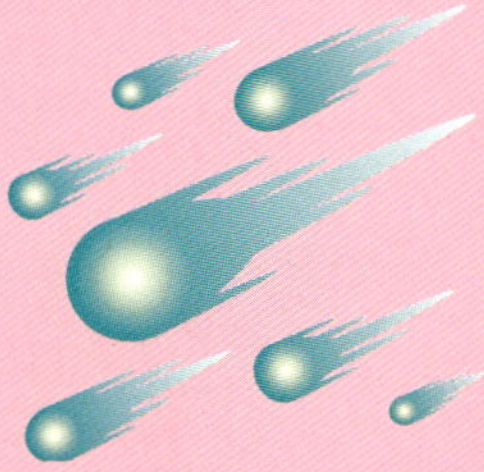

Des comètes / *Comets*

Le soleil / *Sun*

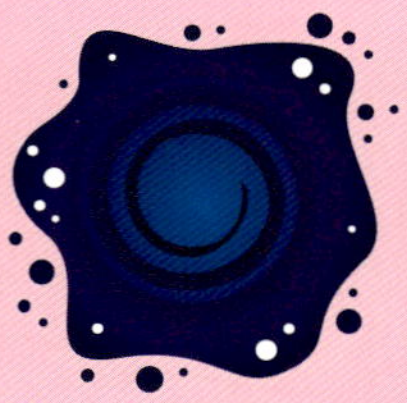

Un trou noir / *Black hole*

Un satellite / *Satellite*

Un véhicule spatial / *Space vehicle*

Vénus / *Venus*

Un casque / *Helmet*

Une planète / *Planet*

Mars / *Mars*

La grande ourse / *Big dipper*

Un extra terrestre / *Alien*

Un astéroïde / *Asteroid*

Une fusée / *Rocket*

Un radar / *Radar*

Un astronaute / *Spaceman*

Une longue vue / *Spyglass*

Uranus / *Uranus*

La terre / *Earth*

Un parachute / *Parachute*

Un module spatial / *Spacecraft*

Un OVNI / *UFO*

EN VILLE
IN TOWN

Faire des courses / *Shopping*

Un gain / *Winning*

Un restaurant / *Restaurant*

Un distributeur d'argent / *Cash machine*

Un fast-food / *Fast-food*

Un café / *Cafe*

Une caisse enregistreuse / *Cash register*

Bonjour / *Good morning*

Une confiserie / *Candy store*

Une boutique / *Shop*

Un glacier / *Ice cream store*

Au cinéma / *At the cinema*

Une librairie / *Bookseller*

Un escalier mécanique

Escalator

Un manège / *Carousel*

Un banc / *Bench*

Une épicerie / *Grocery*

Quatre ballons / *Four ballons*

Une attraction / *Fair attraction*

Un salon de mariage / *Wedding shop*

FRUITS ET LÉGUMES
FRUITS AND VEGETABLES

Ces aliments sont très bons pour la santé, il faut en manger régulièrement.
These aliments are very healthy, be sure you eat them regularly.

Un citron vert / *Sweet lime*
Un ramboutan / *Rambutan*
Une pastèque / *Watermelon*
Une mûre / *Mulberry*
Une tangerine / *Tangerine*
Un avocat / *Avocado*
Du raisin / *Grapes*
Un ananas / *Pineapple*
De l'aneth / *Dill*
Du broccoli / *Brocoli*
Un oignon / *Onion*
Du maïs / *Corn*
Un navet / *Turnip*
Une salade / *Salad*
Une myrtille / *Blueberry*
Un fruit de la passion / *Passion fruit*
Des bananes / *Banana*
Des carottes / *Carots*
Des prûnes / *Plums*
Une citrouille / *Pumpkin*
Une grenade / *Pomegranate*
Une calebasse / *Bottle gourd*

LES FORMES
SHAPES

Voici les principales formes géométriques et quelques exemples.
The main geometric forms and some examples.

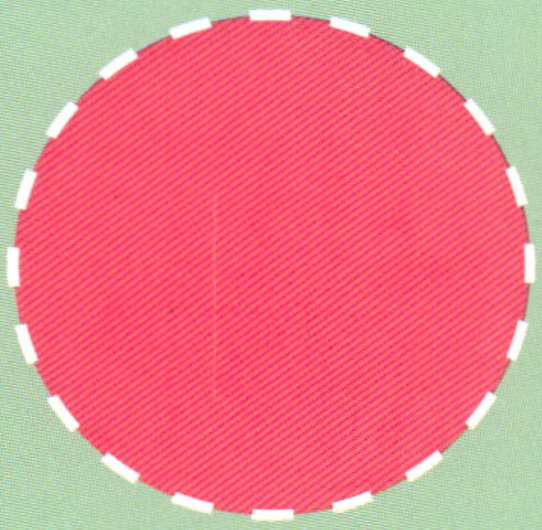
Rond / *Round*

Un ballon / *Balloon*

Un globe / *Globe*

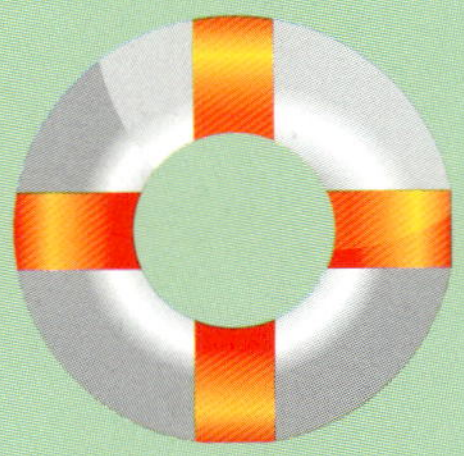
Une bouée / *Rubber ring*

Un réveil / *Clocks*

Carré / *Square*

Un cadeau / *Gift*

Une pendule / *Clock*

Un paquet / *Pack*

Un cube / *Cube*

Rectangle / *Rectangle*

Une friandise / *Candy bar*

Une télévision / *Television*

Un meuble / *Furniture*

Une enveloppe / *Envelope*

Triangle / *Triangle*

Le cirque / *Circus*

Une part de gâteau / *Piece of cake*

La maison / *House*

Le sapin de Noël / *Christmas tree*

Ovale / *Oval*

La pastèque / *Watermelon*

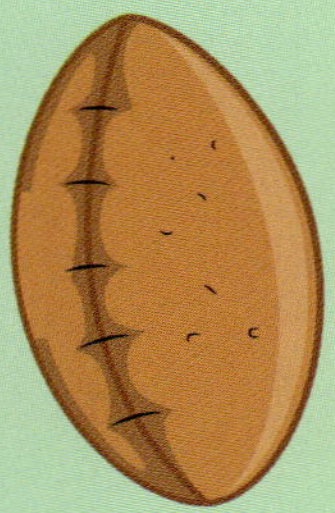
Le ballon de rugby / *Rugby ball*

Les œufs / *Eggs*

Les ballons / *Balloons*

LES MONUMENTS
LANDMARKS

Quelques-uns des plus célèbres monuments du monde.
Some of the most famous landmarks in the world.

La maison blanche - USA *White house - USA*

Le pont de Londres - Angleterre
/ London bridge - England

Le congrés - USA
/ Congress - USA

Big-Ben Angleterre
/ Big ben England

Une pyramide et le Sphinx - Egypte
/ Pyramid and Sphinx - Egypt

Le colisée - Italie
/ Colosseum - Italy

La statue de la liberté USA
/ Statue of liberty - USA

Le Taj-Mahal - Inde / *Taj-Mahl - India*

Cathédrale Saint-Basile Russie
/ Cathedral of Saint-Basil Russia

La tour Eiffel - France
/ Eiffel tower - France

La tour de Pise - Italie
/ Tower of Pisa - Italy

À LA PLAGE
ON THE BEACH

Tout le monde a envie de passer de bons moments à la plage !
Everyone wants to have a good time at the beach !

ARBRES ET FLEURS
TREES AND FLOWERS

C'est un festival de couleurs et d'odeurs !
It's a display of colors and smells

Des pervenches / *Periwinkle*

Des asters / *Asters*

Des amarillys / *Amarillys*

De la lavande / *Lavender*

Du jasmin / *Jasmine*

Un banian / *Banyan tree*

Une jonquille / *Daffodil*

Des tulipes / *Tulips*

Un bananier / *Banana tree*

Des hellébores / *Ellebores*

Un dalhia / *Dahlia*

Un conifère / *Conifer*

Des soucis / *Marigold*

Un arbre fruitier / *Fruit tree*

Des violettes / *Violets*

Un tournesol / *Sunflower*

Des orchidées / *Orchids*

Des marguerites / *Daisies*

Un bonsaï / *Bonsai*

De l'herbe / *Grass*

À L'ÉCOLE
AT SCHOOL

Découvrir, apprendre, réfléchir, grandir...
Tu fais tout cela à l'école !
Discover, learn, think, grow ... You do all this in school !

- Un chapeau de diplômé / *Graduation cap*
- Le bus scolaire / *School bus*
- La peinture / *Paint*
- L'ardoise / *Slate*
- Le taille-crayon / *Sharpener*
- Le pot à crayons / *Pen holder*
- L'écran d'ordinateur / *Computer screen*
- Des livres / *Books*
- La loupe / *Magnifying glass*
- Une équerre / *Square*
- Un microscope / *Scope*
- Un cartable / *Schoolbag*
- Des éprouvettes / *Tubes*
- Des ciseaux / *Scissors*
- Des crayons / *Pencils*
- Un encrier / *Inkpot*
- Un boulier / *Abacus*
- De la colle / *Glue*
- Le goûter / *Snack*
- La cloche / *Bell*
- Un globe terrestre / *Globe*
- L'écolière / *Schoolgirl*
- Stylo plume / *Fountain pen*
- Une règle / *Ruler*
- Des crayons à papier / *Pencils*

LES SAISONS
SEASONS

Les quatre saisons se reproduisent chaque année.
The four seasons are coming back every year.

L'automne / *Autumn*

Le printemps / *Spring*

L'hiver / *Winter*

L'été / *Summer*

LA NOURRITURE
FOOD

Plein de bonnes choses à manger et à boire.
Lots of good things to eat and drink.

Des gaufres / *Waffles*

Un jus de bananes / *Banana juice*

Une pizza / *Pizza*

Des pâtisseries / *Pastries*

Un jus de cerises / *Cherry juice*

De l'huile / *Oil*

Une entrée / *Starter*

Des confitures / *Jams*

Un jus de kiwis / *Kiwi juice*

Une viande / *Meat*

Du pain de mie / *Sandwich bread*

Du chocolat / *Chocolate*

Un gâteau / *Cake*

Un jus de groseilles / *Red currant juice*

Un jus de grenade / *Pomegranade juice*

Une salade composée / *Mixed salad*

Un jus d'orange / *Orange juice*

Une cuisse de poulet / *Chicken leg*

Des œufs / *Eggs*

Un jus de pommes / *Apple juice*

Une part de gâteau / *Piece of cake*

Un café / *Coffee*

Des céréales / *Cereals*

Un paquet de biscuit / *Pack of biscuits*

Des œufs durs / *Hardboiled eggs*

Des nouilles instantanées / *Instant noodles*

Une glace / *Ice-cream*

Un casse-croûte / *Snack*

Des biscuits apéritif / *Crackers*

Un jus d'abricot / *Apricot juice*

Un jus d'ananas / *Pineapple juice*

Des barres de céréales / *Cereal bars*

Un potage / *Soup*

Des pâtes / *Pasta*

Un jus de raisin / *Grape juice*

Un plat en sauce / *Dish in sauce*

Un jus d'orange / *Orange juice*

Un sandwich / *Sandwich*

Un croque-monsieur / *Toasted ham and cheese sandwich*

Un jus de tomate / *Tomato juice*

Des sushis / *Sushis*

Un taco / *Taco*

DANS LA CUISINE
IN THE KITCHEN

C'est ici que l'on prépare de bons petits plats.
This is were we cook delicious dishes.

Une poêle / *Frying pan*

Un four éléctrique / *Electrical oven*

Un rouleau à pâtisserie / *Rollin pin*

Un réfrigérateur / *Fridge*

Des couverts / *Cutlery*

Un hachoir / *Grinder*

Une passoire / *Colander*

Une fourchette / *Fork*

Une théière / *Tea pot*

Une marmite / *Cooking pot*

Un cuisinière à gaz / *Gaz cooker*

Un couteau / *Knife*

Un grille-pain / *Toaster*

Une spatule / *Spatula*

Un pichet / *Jug*

Une poêle antiadhésive / *Non stick pan*

Un verre / *Glass*

Une manique / *Potholder*

Une planche à découper / *chopping board*

Un tablier / *Apron*

Une assiette / *Plate*

Une balance / *Weighing scales*

Un gant de cuisine / *Oven mitt*

Un bocal / *Jar*

Un mélangeur / *Mixer*

Un Wok / *Wok*

LES VÉHICULES
VEHICLES

Tout ce qui roule, flotte ou vole !
Anything that rolls, floats, flies !

Une voiture tout-terrain / *Offroad car*

Un monospace / *Monospace*

Un avion / *Plane*

Une voiture / *Car*

Une bétonnière / *Cement mixer*

Un hors-bord / *Speedboat*

Un bulldozer / *Bulldozer*

Une locomotive / *Locomotive*

Une brouette / *Wheelbarrow*

Un parapente / *Paraglider*

Un OVNI / *UFO*

Un chariot élévateur / *Fork lift*

Un bateau / *Boat*

Un camion citerne / *Tanker lift*

Un camion benne / *Dump truck*

Un rouleau compresseur / *Steam roller*

Un hélicoptère / *Hélicopter*

Un voilier / *Sailboat*

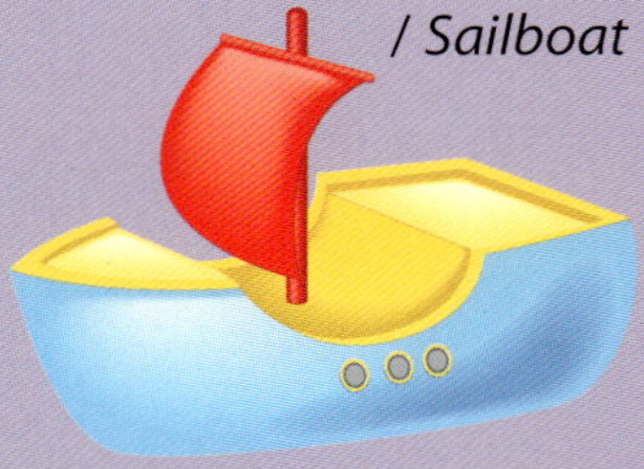

Un scooter / *Scooter*

Un camion / *Truck*

Une tratopelle / *Diggers*

Une montgolfière / *Hot air balloon*

Un autobus / *Bus*

Une voiture de police / *Police car*

Une fusée / *Rocket*

Un vélo / *Bike*

Un camion de chantier / *Construction truck*

Un camion de pompiers

/ *Fire engine*

Un sous-marin / *Submarine*

NOËL
CHRISTMAS

C'est le meilleur moment de l'année, non ?
This is the best time of the year, right?

Les boules de Noël / *Christmas tree bauble*

Le chapeau de Noël / *Christmas cap*

La cloche de Noël / *Christmas bell*

Du houx / *Holly*

Le traineau de Noël / *Christmas sledge*

Un timbre / *Stamp*

Les bougies / *Candles*

L'étoile / *Star*

Le patin à glace / *Ice skate*

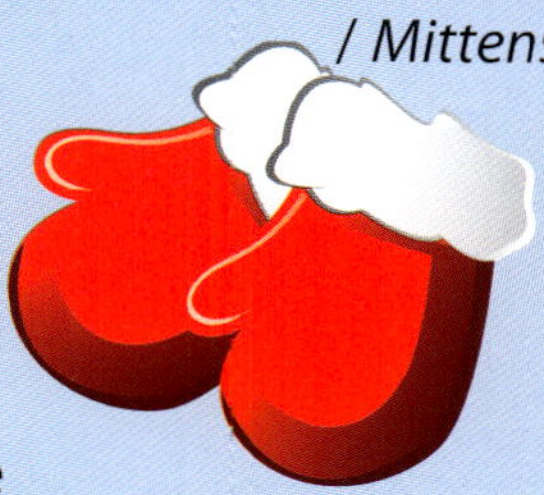
Les moufles / *Mittens*

Un beignet / *Donuts*

La chaussette de Noël / *Christmas Sock*

Le globe de Noël / *Christmas globe*

Le bonhomme de pain d'épices / *Gingerbread*

Un sucre d'orge / *Candy cane*

Le chalet / *Cottage*

Le panneau / *Sign*

La couronne de Noël / *Christmas Wreath*

Les sacs / *Paper bags*

Un lutin / *Elf*

Un gâteau / *Cake*

Des ballons / *Balloons*

Des nœuds / *Bows*

Une enveloppe / *Envelope*

Les cadeaux / *Gifts*

L'arbre de Noël / *Christmas tree*

Un bonhomme de neige / *Snowman*

La hotte du Père Noël / *Santa's bag*

Un pingouin / *Pinguin*

Des bonbons / *Candy*

OUTILS ET ACCESSOIRES

TOOLS AND ACCESSORIES

Un marteau piqueur / *Jack hammer*

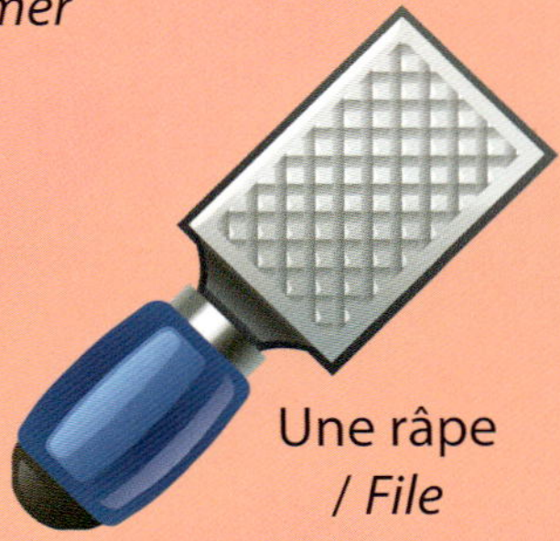
Une râpe / *File*

Une tronçonneuse / *Chain saw*

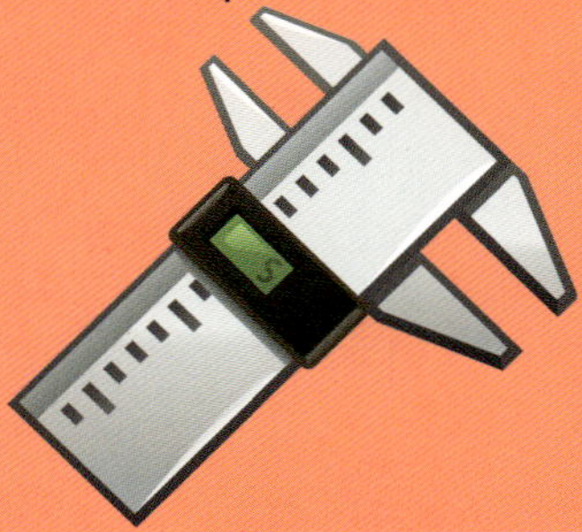
Un pied à coulisse / *Calliper*

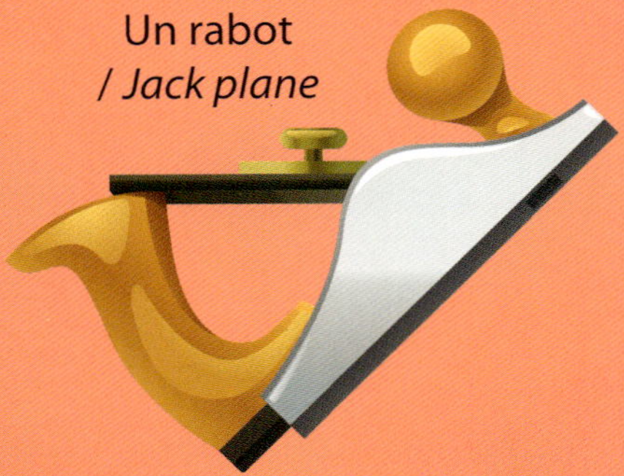
Un rabot / *Jack plane*

Un pelle / *Shovel*

Un serre-joint / *Clamp*

Un bèche / *Spade*

Une truelle / *Trovel*

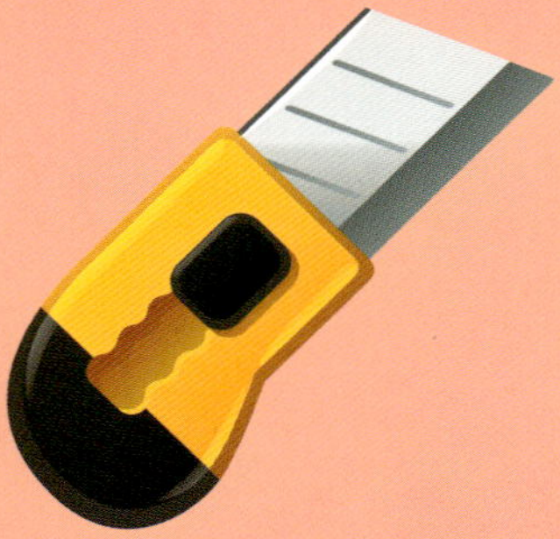
Un cutter / *Cutter*

Une scie circulaire / *Circular saw*

Une règle / *Ruler*

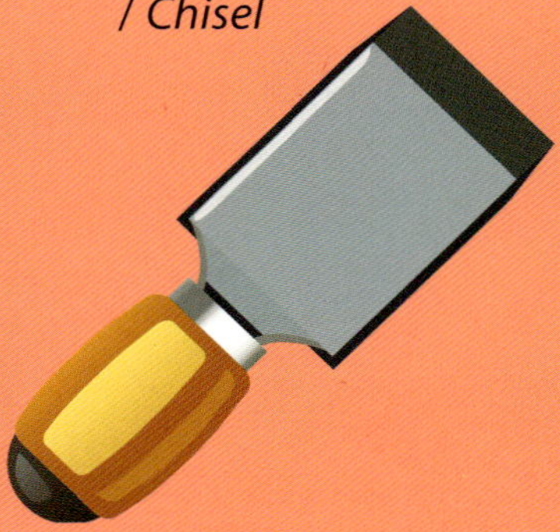
Un ciseau à bois / *Chisel*

Une agrafeuse / *Staple gun*

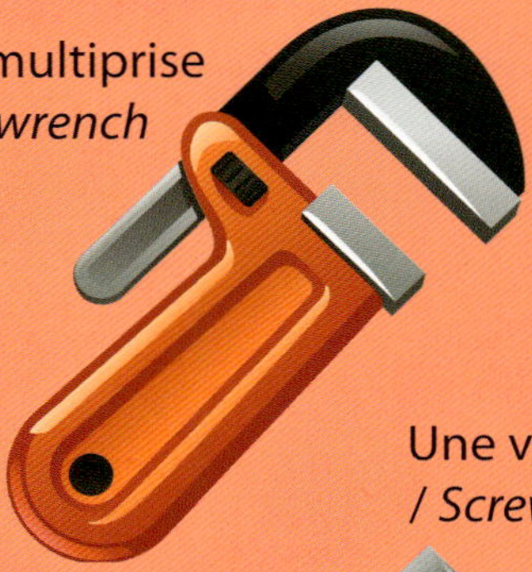
Une clé multiprise / *Pipe wrench*

Une fourche / *Fork*

Une vis / *Screw*

Un marteau / *Hammer*

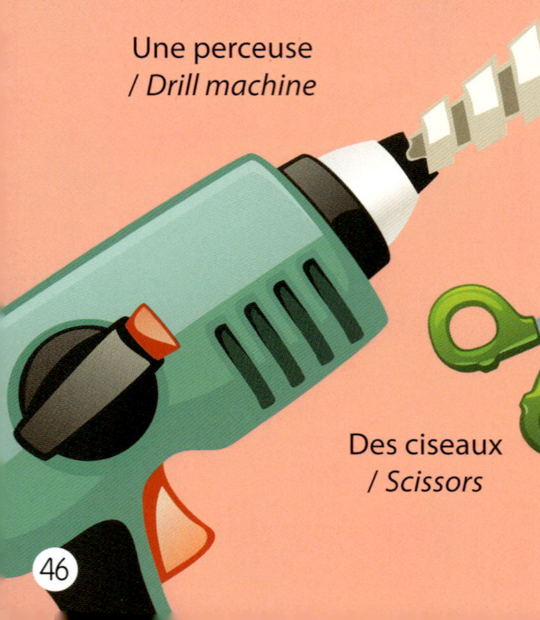
Une perceuse / *Drill machine*

Un mètre ruban / *Tape measure*

Des ciseaux / *Scissors*

Un plan / *Map*

Un rouleau / *Roller*

Un casque / *Helmet*

Une brouette
/ *Wheelbarrow*

Un stétoscope
/ *Stetoscope*

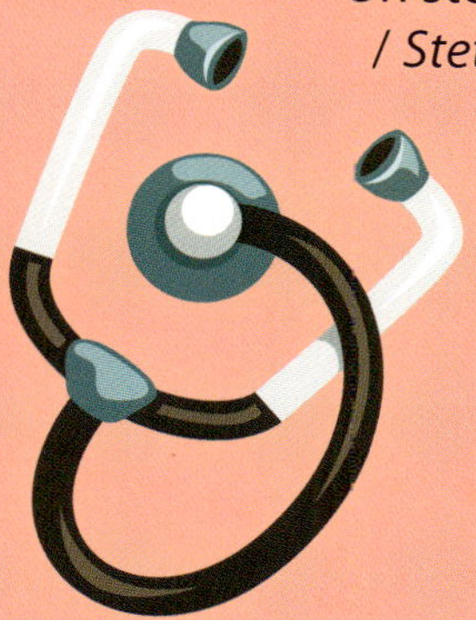

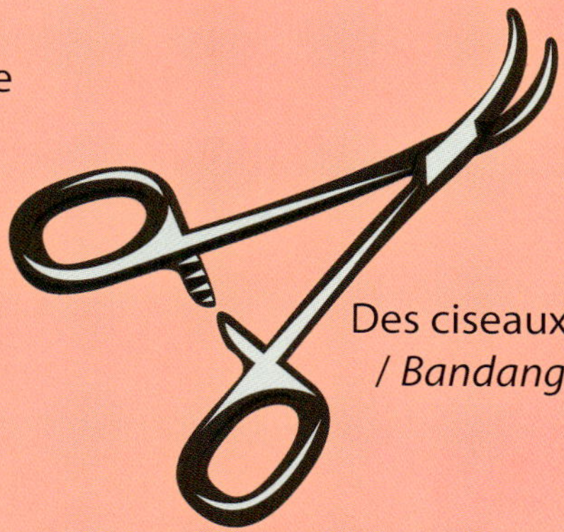

Des ciseaux de suture
/ *Bandange scissors*

Un insecticide
/ *Insecticide*

Un microscope
/ *Microscope*

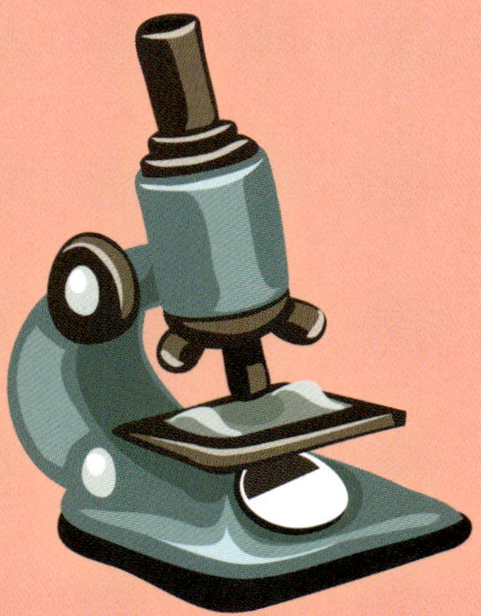

Un thermomètre
/ *Thermometer*

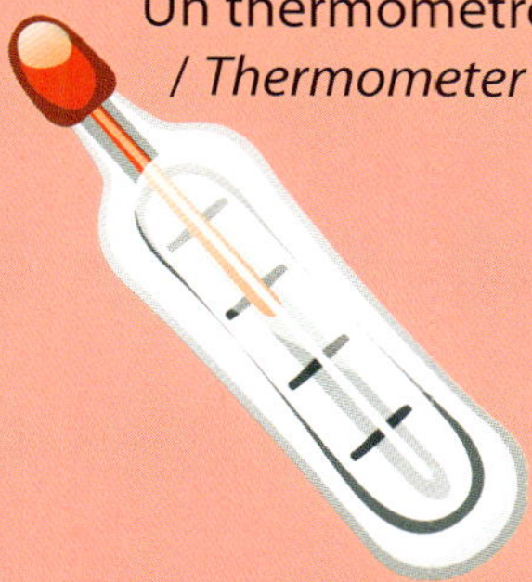

Une seringue
/ *Injection*

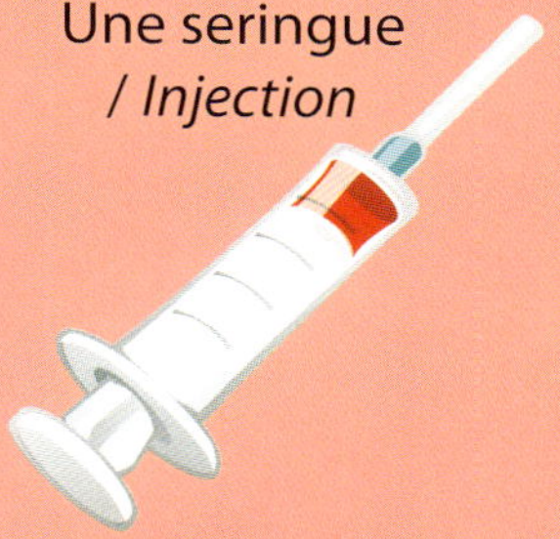

Un bidon / *Can*

Une boîte à outils
/ *Tool box*

Une lampe torche
/ *Torche*

Une perceuse
manuelle
/ *Hand drill*

Un arrosoir
/ *Watering can*

Des gants / *Gloves*

Un sécateur
/ *Pruneur*

Un taille bordure
/ *Hedge scissors*

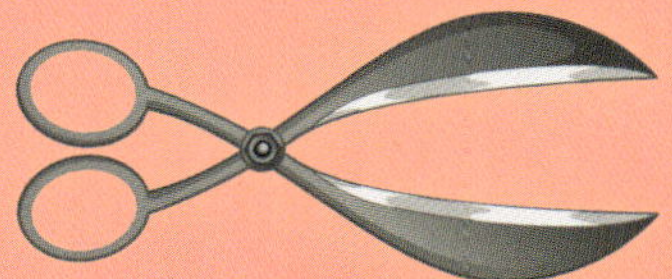

Une trousse
à pharmacie
/ *Medecine box*

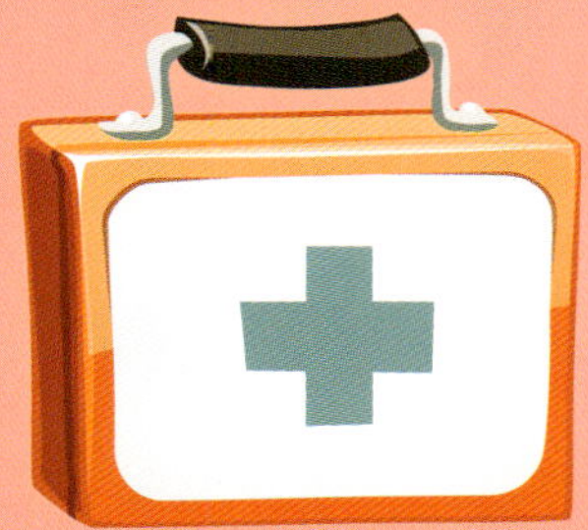

Un escabeau
/ *Stepladder*

Un flacon de chimie
/ *Flask chemistry*

Une ordonnance
/ *doctor's prescription*

Un pilon et un mortier
/ *mortar and pestle*